FOTO'S: JAN VERMEER

TEKST: HERMAN VAN AMSTERDAM

Holland

REBO
PRODUCTIONS

© 1997 Rebo Productions, Lisse
Tekst: Herman van Amsterdam
Foto's Jan Vermeer
Vormgeving: Ton Wienbelt, Den Haag
Vertaling Frans: Anne Marie Chardon
Duits: Jan Polman
Engels: Caroline Visser
Redactie: TextCase, Groningen

4e druk 1997
ISBN 90 366 0949 6
Ale rechten voorbehouden

Inhoud   Contenu   Inhalt   Contents

Mooi Holland

Holland behoort tot de dichtstbevolkte landen ter wereld, maar wie het vlakke land aan de Noordzee doorkruist, krijgt niet de indruk dat het er overvol is. Vooral op het platteland tref je er nog weldadige rust, een heel contrast met de drukte van de grote stad.

De bijna vijftien miljoen inwoners leven en werken er in een landschap dat talloze gezichten kent. Bij Holland passen bijvoorbeeld de door sloten doorsneden polders, die reiken tot aan de horizon. En vaak steken aan de einder scherp de silhouetten af van kerken en torens, die getuigen van de aloude godsdienstzin van dit volk.

De weidse vergezichten met daarboven de grillig gevormde wolkenpartijen en de bijzondere lichtval hebben al menig kunstenaar geïnspireerd.

Bijna veertig procent van het totale landoppervlak ligt onder de zeespiegel en dat verklaart waarom Holland in de loop der eeuwen een rijke traditie heeft opgebouwd als het gaat om de strijd tegen het wassende water. In het landschap liggen, als buffers tegen het opdringerige water, vele honderden kilometers dijk. Daarnaast bieden de duinen bescherming tegen de grillen van de Noordzee. In de provincie Zeeland, die in 1953 werd getroffen door een watersnoodramp, houden de na die tijd gebouwde Deltawerken het water in toom.

Bij de hele waterhuishouding spelen ook molens nog steeds een rol van betekenis. Ze staan als opvallende blikvangers in het landschap. Veel exemplaren zijn inmiddels van hun taak ontheven en doen nu bijvoorbeeld dienst als museum, restaurant of toeristische attractie.

Wie Holland zegt, denkt al snel aan molens, klompen en tulpen, maar kan eigenlijk in één adem ook de brede rivieren en de vele meren noemen waarop uitgebreid de watersport wordt beoefend.

Holland telt twaalf provincies en stuk voor stuk ademen die hun eigen sfeer uit, zoals dit boek op treffende wijze laat zien. De foto's gunnen u een kijkje in dorpen en steden en nemen u mee langs paden en wegen, door musea en langs monumentale panden, waar het land zo rijk aan is. De foto's geven u ook een voorproefje van de uitgebreide folklore in Holland.

Compleet kan een fotoboek nooit zijn. Wat dit boek u biedt, is een schitterende reeks van impressies, een greep uit wat mooi Holland te bieden heeft.

Belle Hollande

La Hollande compte parmi les pays les plus peuplés du monde. Mais qui parcourt ce plat pays situé au bord de la mer du Nord n'a nullement l'impression d'une densité de population si grande. Surtout à la campagne, on trouve encore un calme bienfaisant, vif contraste avec l'animation dans une grande ville.

Les plus de quatorze millions d'habitants y vivent et travaillent dans un paysage aux multiples visages. La Hollande s'associe par exemple aux polders sillonnés de canaux qui s'étendent jusqu'à l'horizon où les églises et les clochers, preuves du vieux sentiment religieux de ce peuple, découpent nettement leurs silhouettes.

Des vues panoramiques que dominent des nuages de formes bizarres et un éclairage spécial ont déjà inspiré de nombreux peintres.

Presque quarante pour cent de la superficie totale du pays se trouve au-dessous du niveau de la mer ce qui explique le fait qu'au cours des siècles, la Hollande s'est créée une riche tradition en matière de lutte contre les eaux montantes. Dans le paysage se dressent, tels des tampons destinés à refouler l'eau envahissante, plusieurs centaines de kilomètres de digues robustes. D'autre part les dunes protègent le pays contre les caprices de la mer du Nord. Et dans la province de Zélande, frappée en 1953 par des inondations catastrophiques, les barrages du plan Delta construits depuis retiennent les eaux.

Dans toute l'économie hydraulique, les moulins continuent à jouer un rôle important. Ils se dressent dans le paysage telles de singulières cibles. Entre-temps beaucoup d'exemplaires ont été démis de leur fonction et abritent maintenant un musée, un restaurant ou une attraction touristique. Qui dit Hollande pense très vite aux moulins, aux sabots et aux tulipes mais peut tout aussi bien nommer d'un trait les larges fleuves et les nombreux lacs extrêmement propices aux sports nautiques.

La Hollande compte douze provinces qui dégagent chacune leur propre atmosphère comme le montre si bien ce livre. Les photos permettent au lecteur de jeter un coup d'oeil dans des villages et des villes et l'emmènent le long de routes et sentiers, dans des musées et le long d'édifices monumentaux dont le pays est si riche. Les photos vous feront aussi goûter de la variété du folklore en Hollande. Un livre de photos ne peut jamais être complet. Nous vous montrons une magnifique série de prises de vue choisies parmi ce que la belle Hollande a à offrir.

Das schöne Holland

Beautiful Holland

Holland gehört zu den am dichtesten besiedelten Ländern der Welt, aber wer die flachen Lande an der Nordsee durchfährt, bekommt nicht den Eindruck daß Holland überfüllt ist. Besonders auf dem Lande herrscht noch eine angenehme Ruhe, dies im Gegensatz zu der Hektik der Großstadt. Die mehr als vierzehn Millionen Einwohner leben und arbeiten in einer Landschaft, die zahllose Gesichter aufweist. Zu Holland gehören zum Beispiel die von Gräben durchschnittenen Polder, die bis zum Horizont reichen. Und oft heben sich die Silhouetten von Kirchen und Türmen dagegen ab, die von der althergebrachten Religiosität dieses Volkes zeugen.

Die weite Aussicht, die über der Landschaft hängenden bizarr geformten Wolken und der auffallende Lichteinfall haben schon manchen Künstler inspiriert.

Fast vierzig Prozent der gesamten Oberfläche befinden sich unter Meeresniveau und darin liegt die Erklärung dafür, daß Holland im Laufe der Jahrhunderte eine reiche Tradition im Kampf gegen das wachsende Wasser aufgebaut hat. In der Landschaft befinden sich als Puffer gegen das vordringende Wasser viele Hunderte von Kilometern an festen Deichen. Nebenher gewähren die Dünen Schutz gegen die Launen der Nordsee, und in der Provinz Zeeland, die 1953 von einer katastrophalen Überschemmung heimgesucht wurde, wird das Wasser von den nachher gebauten "Deltawerken" gebändigt.

Im Bereich des Wasserhaushalts spielen auch die Mühlen noch immer eine wichtige Rolle. Sie stehen als auffallender Blickfang in der Landschaft. Viele Mühlen haben ihre ursprüngliche Funktion verloren und dienen jetzt zum Beispiel als Museum, Restaurant oder touristische Attraktion.

Wer von Holland redet, denkt schon bald an Mühlen, Holzschuhen und Tulpen, aber er sollte in einem Atem auch die breiten Flüsse und die vielen Seen nennen, wo der Wassersport floriert.

Holland hat zwölf Provinzen und jede für sich hat so ihre eigene Atmosphäre, wie dieses Buch auf treffliche Weise zeigt. Die Bilder verschaffen dem Leser einen Einblick in Dörfer und Städte und führen ihn über Pfade und Straßen, durch Museen und zu monumentalen Häusern, die in diesem Land so reichlich vorhanden sind. Die Bilder sind auch ein kleiner Vorgeschmack der umfangreichen Folklore in Holland. Ein Bildband kann nie vollständig sein. Was Sie sehen, ist eine herrliche Serie von Impressionen, eine Auswahl aus dem, was das schöne Holland bieten kann.

Holland is one of the most populous countries in the world but the person who roams the flat country along the North Sea does not gain the impression that it is overcrowded. Especially in the countryside there is still a beneficent peace and quiet, quite a contrast to the bustle of the city. The more than fourteen million residents live and work in a landscape that knows many facades. For instance, the polders that are criss-crossed by ditches that reach to the horizon belong to Holland. And often the silhouettes of churches and towers that bear witness to the ancient devoutness of this nation are sharply outlined against the horizon. The sweeping vistas with the fantastically formed cloudscapes above and the unique light have inspired many an artist.

Almost forty percent of the total land area lies beneath sea level and that explains why Holland has acquired a rich tradition concerning the battle against the rising water. Many hundreds of kilometres of strong dikes lie in the landscape as buffers against the obtrusive water. In addition, the dunes also offer protection against the vagaries of the North Sea and in the province of Zeeland, that was struck by a flood disaster in 1953, the water is kept under control by the Delta works that have been built since then.

In the entire water management mills still play an important role. They are striking eye-catchers in the landscape. By now, many specimens have been pensioned off and are now used as, for instance, museums, restaurants or tourist attractions.

If you think of Holland, you think of mills, clogs and tulips, but the broad rivers and the many lakes on which extensive water sport takes place may be mentioned in one and the same breath.

Holland has twelve provinces and, as this book so aptly shows, they all exude their own atmosphere. The photographs permit the reader a glimpse in villages and towns and take him along paths and roads, through museums and past monumental houses, of which the country has many. The photographs also let you experience the widespread folklore in Holland.

A book of photographs can never be complete. What you see is a splendid series of impressions, a sample of what beautiful Holland can offer.

MOLENS

Graan malen en het land beschermen tegen water-overlast. Dat waren eeuwen-lang de twee belangrijkste taken van de Hollandse molens. Ooit stonden er, verdeeld over de provincies, zo'n 9.000 exemplaren en ze werden hoofdzakelijk aangedreven door de wind of door het water. Een aantal is nog steeds in gebruik, maar voor vele is een andere bestemming gevonden.

MOULINS

Moudre le grain et protéger le pays des inondations. Ce furent pendant des siècles les deux principales tâches des moulins hollandais. Jadis, il y en avait quelque 9 000, répartis sur les provinces. Il s'agissait principalement de moulins à vent ou à eau. Un certain nombre est encore « en fonction » mais pour beaucoup on a trouvé une autre destination.

MÜHLEN

Getreide mahlen und das Land gegen die Unannehm-lichkeiten des Wassers schützen. Das waren jahrhundertelang die zwei wichtigsten Aufgaben der holländischen Mühlen. Früher gab es, auf alle Provinzen verteilt, etwa 9.000 Exemplare, die hauptsächlich vom Wind oder vom Wasser getrieben wurden. Einige üben noch immer ihre "Funktion" aus, aber viele haben eine andere Bestimmung bekommen.

MILLS

Grinding corn and protecting against flooding. For centuries, these were the two most important tasks of the Dutch mills. Once, spread over the provinces, there were about 9,000 specimens and they were mostly powered by wind or by water. Several are still 'operating', but for many an other use has been found.

MOLENS

In het zeer waterrijke Hollandse landschap staan van oudsher molens in alle soorten en maten. Hun aantal is weliswaar drastisch afgenomen, maar het totaal schommelt toch nog rond de 1600 en die worden met veel zorg in stand gehouden. De molens worden beschouwd als een dierbaar stukje erfgoed en zijn niet meer weg te denken uit het karakteristieke Hollandse landschap.

MOULINS

Dans le paysage hollandais très riche en cours d'eau, il y a toujours eu des moulins de toutes sortes et de différentes dimensions. Bien qu'ayant fortement baissé, leur nombre varie toujours autour de 1600. Ils subsistent grâce à l'attention dont ils font l'objet. On s'imagine mal le paysage hollandais sans ces moulins qui contribuent à lui donner son aspect caractéristique et qui sont considérés comme faisant partie d'un patrimoine précieux.

MÜHLEN

In der sehr wasserreichen holländischen Landschaft befinden sich von alters her Mühlen in verschiedenen Typen und Größen. Zwar hat ihre Anzahl erheblich abgenommen, aber insgesamt gibt es noch etwa 1600 Mühlen, die mit großer Sorgfalt gepflegt werden. Die Mühlen werden als ein teures Erbgut betrachtet, das nicht mehr aus der charakteristischen holländischen Landschaft wegzudenken ist.

MILLS

In the Dutch landscape, which abounds in water, there have always been mills of all sorts and shapes. To be sure, their numbers have diminished, but they still total about 1,600 and those are carefully preserved. The mills are seen as a beloved piece of inheritance and it is impossible to think of the characteristic Dutch landscape without them.

MOLENS

De meeste molens hebben een eenzaam plekje in het weidse landschap. Een van de uitzonderingen is de Zaanse Schans, waar een groep molens bijeen staat in een schilderachtig decor. Daar kunnen bezoekers ook een goed beeld krijgen van de typische woningbouw in de Zaanstreek. Talloze woningen zijn er voornamelijk uit hout opgetrokken en in de standaardkleuren groen en wit geschilderd.

MOULINS

La plupart des moulins se dressent seuls dans la vaste plaine. Une des exceptions est De Zaanse Schaans, un ensemble de moulins dans un décor pittoresque. Les visiteurs peuvent également s'y faire une idée du style particulier des maisons dans la Région du Zaan (Zaan-streek). Nombreuses d'entre elles sont essentiellement en bois et peintes en vert et en blanc, les couleurs types.

MÜHLEN

Die meisten Mühlen stehen einsam in der Landschaft. Eine der Ausnahmen ist De Zaanse Schans, wo einige Mühlen in einer Gruppe zusammenstehen vor einem malerischen Dekor. Zahllose Wohnungen wurden vornehmlich aus Holz gebaut und in den Standardfarben Grün und Weiß gestrichen.

MILLS

Most mills stand alone in the sweeping landscape. One of the exceptions is De Zaanse Schans, where a group of mills stands together in a picturesque setting. There, visitors can also get a good view of the typical architecture of the Zaanstreek. Numerous houses have been constructed mostly of wood and have been painted in the standard colours of green and white.

MOLENS

Ten oosten van Rotterdam liggen de beroemde molens van Kinderdijk, negentien in totaal. Ze zijn een lust voor het oog, ook 's avonds of wanneer er een dichte mist over het land ligt. Alle jaargetijden is deze unieke verzameling windvangers verzekerd van veel belangstelling. Door de eeuwen heen streken er honderden schilders neer om de sfeervolle Kinderdijk op doek vast te leggen.

MOULINS

A l'Est de Rotterdam se trouvent les célèbres moulins de Kinderdijk, dix-neuf au total. Ils sont un régal pour les yeux, même le soir ou lorsqu'un brouillard épais recouvre le pays. En toute saison, cet unique ensemble de manches à vent suscite invariablement un vif intérêt. Au cours des siècles, des centaines de peintres y installèrent leur chevalet pour évoquer le pittoresque Kinderdijk.

MÜHLEN

Östlich von Rotterdam befinden sich die berühmten Mühlen von Kinderdijk, neunzehn an der Zahl. Sie sind eine Augenweide, auch abends oder wenn ein dichter Nebel das Land bedeckt. In allen Jahreszeiten ist diese einzigartige Sammlung Windfänger eines regen Interesses sicher. In allen Jahrhunderten haben sich Hunderte von Malern hingesetzt, um das stimmungsvolle Kinderdijk auf Leinwand festzuhalten.

MILLS

To the east of Rotterdam lie the famous Kinderdijk mills, nineteen in all. They are a sight for sore eyes, also in the evening or if a thick mist hangs over the landscape. This unique collection of windmills is always sure to draw much attention in all seasons. In the course of the centuries, hundreds of artists descended there to record the attractive Kinderdijk on canvas.

FOLKLORE

De Nederlander hecht aan het in stand houden van oude tradities en ambachten. Soms dateren die al van eeuwen her, zoals het met de hand vervaardigen van klompen of het dragen van de kazen op de Waag in Alkmaar. Liefhebbers van oude stoomlocomotieven maken dankbaar gebruik van afgedankte spoortrajecten.

FOLKLORE

Le Hollandais attache beaucoup d'importance au maintien de traditions et d'artisanats du temps jadis, remontant parfois à de nombreux siècles. Tels que la fabrication à la main de sabots, les fromages portés au Poids public (De Waag) à Alkmaar. Les amateurs d'anciennes locomotives à vapeur sont heureux de pouvoir remettre en honneur des lignes de chemin de fer tombées en désuétude.

FOLKLORE

Der Niederländer legt Wert auf die Erhaltung von alten Traditionen und Handwerks- berufen. Manchmal sind die schon viele Jahrhunderte alt. Wie zum Beispiel das von Hand Anfertigen von Holzs- chuhen, oder die Käseträger der Stadtwaage in Alkmaar. Die Freunde von alten Dampflokomotiven machen gerne von stillgelegten Bahnstrecken Gebrauch.

FOLKLORE

Dutchmen value the preservation of old traditions and handicrafts. Sometimes these are centuries-old. Such as hand-made clogs and carrying the cheeses on the Waag in Alkmaar. Lovers of old steam engines make grateful use of discarded railway tracks.

FOLKLORE

Folkore viert hoogtij tijdens feesten en partijen. De straat is dan het domein van onder meer straatmuzikanten, die oude deuntjes ten gehore brengen en schapenscheerders, die hun nog niet verleerde behendigheid tonen. Het aantal winkeltjes waar men spulletjes kan kopen uit grootmoeders tijd is legio.

FOLKLORE

Le folklore fleurit lors des fêtes. La rue constitue alors le domaine de musiciens ambulants qui jouent des airs d'autrefois et de tondeurs de moutons qui donnent des démonstrations d'une habileté pas encore désapprise. Le nombre de petits magasins où l'on peut acheter des objets du temps de nos grands-mères sont légion dans le pays.

FOLKLORE

Die Folklore blüht auf Festen und Feiern. Die Straße gehört dann u.a. den Straßenmusikanten, die alte Lieder singen und spielen, und den Schafscherern, die ihre Geschicklichkeit immer noch unter Beweis stellen können. Im ganzen Lande gibt es noch viele kleine Läden, wo man alte Sachen aus Großmutters Zeiten kaufen kann.

FOLKLORE

Folklore reigns supreme during parties and feasts. Then the street is the domain of, among others, street musicians who play old tunes, and sheepshearers who show the skills they have not lost yet. In this country there are many small shops where one can buy things from the old days.

Drenthe

DRENTHE

De ongereptheid is een belangrijk visitekaartje van Drenthe, dat behoort tot de oudste Hollandse landschappen. Overal tref je nadrukkelijk aanwezige bewijzen van het verleden, zoals de als graven gebruikte hunebedden uit de prehistorie en primitieve plaggenhutten. Deze provincie telt veel landhuizen en buitenplaatsen. Assen is de hoofdstad.

DRENTHE

Le paysage inaltéré, qui est des plus anciens de la Hollande, constitue une image de marque importante de la Drenthe. Partout on trouve des traces manifestes du passé tels que les mégalithes préhistoriques ou « hunebedden » qui servaient à enterrer les morts, et les huttes en mottes de terre primitives. Cette province compte de nombreuses propriétés et de villas. Assen en est la capitale.

DRENTHE

Die Unberührtheit ist eine wichtige Visitenkarte von Drenthe, das zu den ältesten holländischen Landschaften gehört. Überall findet man die auffallenden Beweise für die Vergangenheit vor, wie die alten Hünengräber aus der Prähistorie und die primitiven Plaggenhütten. Diese Provinz hat viele Herrenhäuser und Landsitze. Assen ist die Provinzhauptstadt.

DRENTHE

Drenthe's important showpiece is the unspoilt scenery, it belongs to the oldest Dutch landscapes. Everywhere, evidence of the past is expressly present, such as prehistoric megalithic tombs and primitive sod huts. This province has many country houses and estates. Assen is its principal town.

DRENTHE

Drenthe koestert een nauwe band met het verleden, met name ook als het gaat om historische figuren als Ot en Sien en het jongetje Bartje, dat landelijke bekendheid verwierf omdat hij 'niet wilde bidden voor bruine bonen'. Veel bezoek trekt het speelgoedmuseum in Roden. Verder onder meer impressies van het tolhuis bij Foxwolde (bij Roden) en het gemeentehuis van Zuidlaren.

DRENTHE

La Drenthe entretient des liens étroits avec le passé, surtout lorsqu'il s'agit de personnages historiques tels que Ot et Sien, et Bartje, le petit garçon qui devint célèbre dans tout le pays parce qu'il « refusait dire sa prière avant de manger des haricots rouges ». Le musée des jouets à Roden attire beaucoup de visiteurs. Parmi les autres photos, le péage près de Foxwolde et l'hôtel de ville de Zuidlaren.

DRENTHE

Drenthe ist eng mit der Vergangenheit verknüpft, besonders wenn es sich um historische Gestalten wie Ot und Sien handelt und um den kleinen Buben Bartje, der ländlich bekannt wurde, weil er wegen einer Bohnenmahlzeit vor dem Essen nicht beten wollte. Das Spielzeugmuseum in Roden bekommt auch viele Besucher. Weiter u.a. Impressionen des alten Zollamtes in der Nähe von Foxwolde und des Rathauses von Zuidlaren.

DRENTHE

Drenthe entertains a strong tie with the past, especially with respect to historical figures such as Ot and Sien and the little boy called Bartje, who became well known nationally as he 'would not pray for his supper of kidney beans'. The toy museum in Roden draws many visitors. Apart from that, there are impressions of the tollhouse near Foxwolde and the town hall of Zuidlaren among other things.

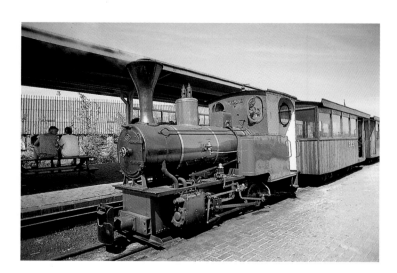

FOLKLORE

De oude kern van het museumdorp Orvelte valt onder de monumentenwet en zonder toestemming van de overheid mag daar aan woningen en andere panden niets gewijzigd worden.
Het verleden speelt ook een hoofdrol in 't Aole Compas, het bekende openluchtmuseum in Barger Compascuum. Bezoekers krijgen er een indruk van het leven in een oude veenkolonie.

FOLKLORE

Le vieux centre du village-musée Orvelte relève de la loi sur les monuments historiques interdisant toute modification des habitations et autres édifices sans accord de l'Etat.
Le passé joue également un rôle important dans le 't Aole Compas, le célèbre musée de plein air à Barger Compascuum. Les visiteurs s'y feront une idée de la vie de village dans «une colonie de tourbière» («veenkolonie»).

FOLKLORE

Der alte Dorfkern des Museumsdorfes Orvelte fällt unter das Denkmalschutzgesetz, und ohne behördliche Genehmigung dürfen an Häusern und anderen Gebäuden keine Änderungen vorgenommen werden.
Die Vergangenheit spielt auch in "'t Aole Compas", dem bekannten Freiluftmuseum in Barger Compascuum, eine Hauptrolle. Die Besucher bekommen einen guten Eindruck vom Leben in einer alten Moorkolonie.

FOLKLORE

The old centre of the museum village of Orvelte resides under the Historic Buildings and Ancient Monuments Act, and nothing about the houses or the other buildings may be changed there without permission from the government.
The past also plays a leading role in 't Aole Compas, the well-known open-air museum in Barger Compascuum. Visitors gain an impression of life in an old fen community.

FOLKLORE

De grootste paardenmarkt van Europa vindt jaarlijks plaats in Zuidlaren. Naast paarden is er ook aanvoer van ander vee. Het evenement trekt alleen al vanwege de bijzondere sfeer bezoekers van heinde en ver.

FOLKLORE

Le plus grand marché aux chevaux de l'Europe a lieu chaque année à Zuidlaren. Outre des chevaux on y vend aussi d'autres bêtes. Par son ambiance spéciale l'événement attire des visiteurs venus de toutes parts.

FOLKLORE

Der größte Pferdemarkt Europas findet jährlich in Zuidlaren statt. Neben Pferden wird auch anderes Vieh gehandelt. Allein schon wegen der besonderen Atmosphäre zieht dieses Ereignis Besucher aus allen Himmelsgegenden an.

FOLKLORE

De largest horse fair of Europe takes place in Zuidlaren each year. In addition to horses, other cattle is also brought. The unique atmosphere of the event alone draws visitors from far and near.

Strand
Plage
Seaside

STRAND

Het hele jaar door, onder alle weersomstandigheden, gaat er van de brede stranden langs de Hollandse kust een grote aantrekkingskracht uit. Wandelaars, ruiters, zonaanbidders, sporters en noem maar op genieten er van de frisse lucht en het geluid van de al dan niet onstuimige zee. Zware stormen hebben al menig schip op de Noordzee in de problemen gebracht en doen stranden.

PLAGE

Toute l'année, et par tous les temps, les larges plages sur la côte hollandaise exercent beaucoup d'attirance. Promeneurs, cavaliers, amateurs de soleil, sportifs etc. jouissent de l'air frais et du bruit de la mer, qu'elle soit agitée ou non. De fortes tempêtes ont causé des problèmes à bien des bateaux se trouvant sur la Mer du Nord et leur ont fait faire naufrage.

STRAND

Das ganze Jahr durch, unter allen Witterungsverhältnissen, haben die breiten Strände an der holländischen Küste eine große Anziehungskraft. Spaziergänger, Reiter, Sonnenanbeter, Sportler usw. genießen die frische Luft und das Getose des mehr oder weniger stark bewegten Meeres. Schwere Stürme haben schon manches Schiff auf der Nordsee in Schwierigkeiten gebracht und stranden lassen.

SEASIDE

Throughout the year, in all weathers, the broad beaches of the coast hold a great attraction. Strollers, riders, sun-lovers, sportsmen and others enjoy the fresh air and the sound of the sea whether it be tempestuous or not. Heavy storms have already got many ships into trouble on the North Sea and stranded them.

Tuinbouw
Horticulture
Gartenbau

TUINBOUW

Holland heeft een reputatie hoog te houden op het terrein van de tuinbouw en behoort bijvoorbeeld tot de grootste bloemenexporteurs van de wereld. Voor een belangrijk deel worden de bloemen in kassen gekweekt. Een van de gebieden waar op grote schaal bloemen en fruit worden gekweekt, is het Westland, ook wel de 'glazen stad' genoemd vanwege de enorme glascomplexen.

HORTICULTURE

La Hollande a une réputation à défendre dans le domaine de l'horticulture et compte parmi les plus grands exportateurs de fleurs du monde. Pour une large part les fleurs sont cultivées sous serre. L'une des régions de culture à grande échelle de fleurs et de légumes est le Westland, appelé aussi « la ville en verre » à cause de son importante superficie sous serre.

GARTENBAU

Im Bereich des Gartenbaus hat Holland einen sehr guten Ruf und gehört zum Beispiel zu den größten Blumen-exporteuren der Welt. Zu einem großen Teil werden die Blumen in Treibhäusern gezüchtet. Eines der Gebiete, wo in großem Umfang Blumen und Obst gezüchtet werden, ist das Westland, das auch wohl wegen der vielen Treibhäuser die "gläserne Stadt" genannt wird.

HORTICULTURE

In the field of horticulture, Holland has a reputation to hold up, it is one of the largest flower exporters in the world, for instance. Most of the flowers are grown in greenhouses. One of the areas where flowers and fruit are grown on a large scale is the Westland, also called the 'glass city' owing to the enormous greenhouse complexes.

BLOEMBOLLEN

Al vier eeuwen groeit en bloeit de bloembol in het Hollandse landschap. In de lente trekken de bollenvelden miljoenen bezoekers, die niet alleen genieten van het schitterende kleurenspel, maar ook van de geuren die in een onzichtbare wolk boven het land hangen.

BULBES À FLEURS

Depuis maintenant quatre siècles, le bulbe à fleurs prospère dans le paysage hollandais. Le printemps, les champs de fleurs attirent des millions de visiteurs qui jouissent non seulement des magnifiques couleurs mais aussi des parfums qui flottent dans un nuage invisible au-dessus de la région.

BLUMENZWIEBELN

Schon seit vier Jahrhunderten wächst und blüht die Blumenzwiebel in der holländischen Landschaft. Im Frühjahr ziehen die Felder mit Blumenzwiebeln Millionen von Besuchern, die nicht nur das herrliche Farbenspiel genießen, sondern auch die Düfte, die wie eine unsichtbare Wolke über dem Land hängen.

BULBS

For four centuries, the bulb has grown and bloomed in the Dutch landscape. In spring the bulb field attract millions of visitors, who do not only enjoy the splendid play of colours, but also the smells that hang above the country like an invisible cloud.

BLOEMBOLLEN

Uitgestrekte velden tulpen, narcissen, hyacinten en krokussen toveren elk voorjaar een bijzonder kleurenpalet te voorschijn. De bloembedden zijn kaarsrecht en hebben de breedte van ongeveer een meter. Smalle looppaden scheiden de bedden van elkaar.

BULBES À FLEURS

Chaque printemps, des champs étendus de tulipes, de narcisses, de jacinthes et de crocus font jaillir comme par enchantement une palette exceptionnelle. Les parterres sont rectilignes et larges d'environ un mètre. Des passages étroits les séparent.

BLUMENZWIEBELN

Ausgedehnte Felder mit Tulpen, Narzissen, Hyazinthen und Krokussen zaubern jedes Frühjahr eine besondere Farbskala hervor. Die Blumenbeete sind schnurgerade gezogen und haben eine Breite von etwa einem Meter. Schmale Durchgänge trennen die Beete voneinander.

BULBS

Each year, vast fields of tulips, narcissi, hyacinths and crocuses conjure up an exceptional range of colours. The flowerbeds are as straight as rulers and have a breadth of about one metre. Narrow paths separate the beds.

KEUKENHOF

De Keukenhof in Lisse is de mooiste lentetuin van Europa en ontvangt jaarlijks bijna een miljoen bezoekers. Gedurende de twee maanden van de opening staan er zo'n zes miljoen bloembollen in bloei. Deze droomtuin op slechts twintig kilometer van Amsterdam wordt gerekend tot 's werelds meest fotogenieke attracties.

KEUKENHOF

Keukenhof à Lisse est le plus beau jardin printanier de l'Europe attirant chaque année près d'un million de visiteurs. Durant ses deux mois d'ouverture, environ six millions de bulbes sont en fleurs. Situé à peine à une vingtaine de kilomètres d'Amsterdam, ce jardin de rêve compte parmi les attractions les plus photogéniques du monde.

KEUKENHOF

Der Keukenhof in Lisse ist der schönste Frühjahrsgarten in Europa mit jährlich fast einer Million an Besuchern. Zwei Monate ist der Keukenhof geöffnet, und dann blühen die etwa sechs Millionen Zwiebelblumen. Dieser Traumgarten, der nur zwanzig Kilometer von Amsterdam entfernt ist, wird zu den fotogensten Attraktionen der Welt gerechnet.

KEUKENHOF

The Keukenhof in Lisse is the most beautiful spring garden of Europe and receives almost a million visitors each year. During the two months that it is opened about six million bulbs are in full bloom. This dream garden, that is only twenty kilometres from Amsterdam, is counted as one of the world's most photogenic attractions.

Water
Eau
Wasser

WATER

Water, water en nog eens water. Waar je in Holland ook bent, er is altijd wel een sloot, een meer, een kanaal of een rivier in de buurt. Zeven van iedere tien bewoners beoefenen actief een vorm van watersport. De Nederlander vertoeft graag op het water, vooral ook in de winter als er ijs ligt. Dan bindt men massaal de schaatsen onder om in een schitterende natuur sportief bezig te zijn.

EAU

De l'eau, encore de l'eau et toujours de l'eau. Où que l'on soit en Hollande, il y a toujours un canal, petit ou grand, un lac ou une rivière dans les environs. Sept sur dix habitants pratiquent activement un sport nautique. Le Néerlandais aime bien être sur l'eau, surtout en hiver lorsqu'il y a de la glace. Alors tout le monde chausse ses patins pour faire du sport dans un magnifique décor.

WASSER

Wasser, Wasser, überall Wasser. Wo man sich in Holland auch befindet, es gibt immer schon einen Graben, See, Kanal oder Fluß in der Nähe. Sieben von zehn Einwohnern treiben aktiv irgendeinen Wassersport. Der Niederländer ist gerne auf dem Wasser, vor allem auch im Winter, wenn die Gewässer zugefroren sind. Dann werden die Schlittschuhe angeschnallt, um sich in einer herrlichen Natur sportlich zu betätigen.

WATER

Water, water nothing but water. Wherever you are in Holland, there is always bound to be a ditch, a lake, a canal or a river nearby. Seven out of ten inhabitants actively practice a water sport. The Dutchman loves being on the water, especially in the winter when there is natural ice. Then everybody puts on skates to be active in a beautiful environment.

**Polders
Polder**

POLDERS

Een kwart van Holland is in het verleden op het water veroverd en vervolgens van stevige dijken voorzien. Tot dat 'nieuwe land' behoren ook veel polders, die doorsneden worden door vaarten en sloten met de knotwilg als favoriete boom. Het vlakke polderland ademt een aparte sfeer.

POLDERS

Dans le passé, un quart de la Hollande a été conquis sur l'eau pour être ensuite pourvu de solides digues. Cette « nouvelle terre », endroit privilégié du saule taillé en têtard, se constitue également de nombreux polders sillonnés de canaux. Ce plat pays des polders a une atmosphère particulière.

POLDER

Ein Viertel der Niederlande wurde dem Wasser abgetrotzt und dann mit festen Deichen versehen. Zu dem "neuen Land" gehören auch viele Polder, die von Kanälen und Gräben durchschnitten werden und wo die Kopfweide der bevorzugte Baum ist. Die flache Polderlandschaft hat eine eigene besondere Atmosphäre.

POLDERS

In the past a quarter of the Dutch territory was won from the water and subsequently provided with strong dikes. Many polders also belong to that 'new territory', which are criss-crossed by waterways and ditches with the pollard willow as the favourite tree. The flat polderland exudes a distinct atmosphere.

FLEVOLAND

Flevoland is de jongste Hollandse provincie. Wat nu land is, was nog niet zo lang geleden water, waarop het bij storm flink kon spoken. Op de drooggelegde poldergronden van deze provincie hebben boeren en tuinders hun bestaan gevonden en zijn inmiddels vele tienduizenden woningen gebouwd in onder meer Lelystad en Almere. De Houtribsluizen vormen een in het oog springend bouwwerk. Het land grenst aan het IJsselmeer.

FLEVOLAND

Le Flevoland est la plus jeune province de la Hollande. Ce qui est terre de nos jours était, il n'y a pas encore très longtemps, de l'eau où de violentes tempêtes pouvaient faire rage.
Sur les terres asséchées de cette province éleveurs, cultivateurs et maraîchers se sont fait une vie. Depuis plusieurs dizaines de milliers d'habitations ont été construites à entre autres Lelystad et Almere. Les Houtribsluizen (écluses) sont une construction remarquable qu'on voit de loin. Les terres se situent au bord de l'IJsselmeer.

FLEVOLAND

Flevoland ist die jüngste niederländische Provinz. Was jetzt zum Land gehört, war vor nicht sehr langer Zeit Wasser, wo es bei Sturm wild toben konnte.
Auf dem trockengelegten Polderboden dieser Provinz haben Bauern und Gärtner ihre Existenz aufgebaut und wurden mittlerweile mehrere Zehntausende von Häusern in u.a. Lelystad und Almere gebaut. Die Houtribsluizen (Schleusen) sind ein auffallendes Bauwerk. Die Provinz grenzt an das IJsselmeer.

FLEVOLAND

Flevoland is the youngest Dutch province. What land you see now used to be water where heavy storms could blow in a not very distant past.
Farmers and nurserymen have found a livelihood on the reclaimed polder grounds of this province and by now, many tens of thousands of houses have been built in Lelystad and Almere and other places. The Houtribsluizen are an eye-catching construction. The land borders the IJsselmeer.

FLEVOLAND

Ooit was Urk een eiland, maar nu is het verbonden met het vasteland van Flevoland. Het kleurrijke dorp grenst voor een belangrijk deel nog aan het water. Er is een haven met een vissersvloot, een kade en veel Urkers zijn ook hun eigen klederdracht trouw gebleven. Het ruikt er nog naar de zee.

FLEVOLAND

Ancienne île, Urk est à présent rattachée à la terre, le Flevoland. Ce village pittoresque avec son port, sa flottille de pêche et son quai se trouve encore en grande partie au bord de l'eau. Nombreux sont les habitants qui portent encore leur propre costume traditionnel. On y sent encore la mer.

FLEVOLAND

Früher war Urk eine Insel, heute is es mit dem Festland von Flevoland verbunden. Das farbenfrohe Dorf grenzt zu einem großen Teil noch ans Wasser. Es gibt einen Hafen mit einer Fischereiflotte und einen Kai, und viele Einwohner sind ihrer Tracht treu geblieben. Man kann das Meer immer noch gut riechen.

FLEVOLAND

In the past, Urk was an island, but now it is joined together with the mainland of Flevoland. Most of the colourful village still borders the water. There is a harbour with a fishing fleet and a quay, and many Urkers have remained faithful to their own traditional costume. It still smells of the sea.

AMSTERDAM

Amsterdam, ruim 700 jaar oud, wordt beschouwd als een van de mooiste steden van Europa. Een metropool met een unieke variatie aan panden en woonhuizen en een geheel eigen, bruisende sfeer. De stad telt niet minder dan 7.000 monumenten. De luchthaven Schiphol ligt op een steenworp afstand.

AMSTERDAM

Amsterdam, ville de plus de 700 ans, est considérée comme l'une des plus belles de l'Europe. Métropole aux édifices et maisons de toutes sortes, pleine d'animation, a une atmosphère qui lui bien propre. La ville ne compte pas moins de 7 000 monuments. L'aéroport de Schiphol se trouve à un jet de pierre.

AMSTERDAM

Amsterdam, more than 700 years old, is considered to be one of the most beautiful cities of Europe. It is a metropolis with a unique variety of properties and houses and an entirely individual effervescent atmosphere. The city counts no less than 7,000 monuments. Schiphol airport lies within a stone's throw.

AMSTERDAM

Amsterdam, mehr als 700 Jahre alt, wird als eine der schönsten Städte Europas betrachtet. Eine Metropole mit einer einzigartigen Variation an Gebäuden und Häusern und einer eigenständigen, dynamischen Atmosphäre. Die Stadt hat nicht weniger als 7.000 Denkmäler. Der Flughafen befindet sich in nächster Nähe.

AMSTERDAM

In het centrum van Amsterdam ligt De Dam en van daaruit leiden vele wegen de stad in. Bijvoorbeeld richting het gezellige Leidseplein, het Centraal Station, het Rijksmuseum of theater Carré. De Dam is ook een prima startpunt voor een tochtje zonder een vast doel. Ontdek zo de in vele opzichten kleurrijke hoofdstad.

AMSTERDAM

Au centre d'Amsterdam se trouve le Dam, place principale d'où partent de nombreuses rues permettant par exemple de rejoindre l'agréable Leidseplein (Place de Leyde), la Centraal Station (Gare centrale), le Rijksmuseum (Musée national) ou le theater Carré (théâtre Carré). Aussi le Dam est-il un excellent point de départ d'une promenade sans but fixe pour découvrir cette capitale haute en couleur à différents égards.

AMSTERDAM

In der Altstadt von Amsterdam befindet sich De Dam und von daher führen viele Straßen in die Stadt. Zum Beispiel in Richtung des gemütlichen Leidseplein, zum Hauptbahnhof, dem Rijksmuseum oder dem Theater Carré. De Dam ist auch ein ausgezeichneter Ausgangspunkt für einen Streifzug ohne festes Ziel. So kann man die in vielen Hinsichten farbige Hauptstadt entdecken.

AMSTERDAM

The Dam lies in the centre of Amsterdam and from there many roads lead into the city. For instance, in the direction of the delightful Leidseplein, the Centraal Station, the Rijksmuseum, or the Carré theatre. The Dam is also a perfect starting point for a trip without any fixed destination. Discover the colourful capital city in this manner.

AMSTERDAM

Door het historische centrum van Amsterdam slingeren vier grachtengordels met daar overheen in totaal meer dan duizend bruggen. Amsterdam ontdekken vanaf het water is een hele belevenis.

AMSTERDAM

A travers le centre historique d'Amsterdam serpentent quatre canaux périphériques que franchissent plus de mille ponts. Découvrir Amsterdam depuis l'eau est une expérience à ne pas manquer.

AMSTERDAM

Durch die historische Altstadt von Amsterdam schlängeln sich vier Grachtengürtel mit insgesamt mehr als tausend Brücken. Es ist ein tolles Erlebnis, Amsterdam vom Wasser aus zu entdecken.

AMSTERDAM

Four rings of canals with more than a thousand bridges over them wind their way through the historic centre of Amsterdam. It is quite an experience to discover Amsterdam from the water.

SAIL AMSTERDAM
Van heinde en ver zetten om de zoveel jaar tal van historische zeilschepen koers richting Amsterdam om acte de présence te geven tijdens de manifestatie SAIL. Liefhebbers van antieke driemasters met honderden vierkante meters zeil komen dan volledig aan hun trekken.

SAIL AMSTERDAM
Toutes les x années, une multitude de voiliers historiques venus des quatre coins du monde font route vers Amsterdam pour faire acte de présence durant la manifestation SAIL. Les amateurs d'anciens trois-mâts à voiles de plusieurs centaines de mètres carrés seront comblés.

SAIL AMSTERDAM
Aus nah und fern nehmen alle paar Jahre viele historische Segelschiffe Kurs in Richtung Amsterdam um sich auf der großen Veranstaltung SAIL zu zeigen. Liebhaber von alten Dreimastern mit Hunderten von Quadratmetern an Segeln kommen dann voll auf ihre Kosten.

SAIL AMSTERDAM
Every few years, many historical ships course in the direction of Amsterdam from far and wide to put in an appearance during the SAIL manifestation. Lovers of antique three-masters with hundreds of square yards of sail come into their own then.

Groningen
Groningue

GRONINGEN

De noordelijke provincie
Groningen, grenzend aan
Duitsland en aan het water,
heeft van oudsher een sterk
agrarisch karakter. Er liggen
tal van uitgestrekte landerijen
met aan de horizon de
spitsen van talloze kerkjes en
kerken, meestal gebouwd van
rode baksteen. Groningen telt
ook een aantal havens, zoals
in Lauwersoog en Termunterzijl. Zo rustig als het er op het
platteland is, zo bruisend is
de hoofdstad Groningen.

GRONINGUE

Groningue, province du Nord
confinant à l'Allemagne et
située sur la mer du Nord,
revêt de longue date un
caractère essentiellement
agricole. C'est là que
s'étendent de vastes terres et
qu'émergent à l'horizon les
flèches de multiples églises,
presque toutes en brique
rouge. Groningue compte
également plusieurs ports
comme à Lauwersoog et
Termunterzijl. Si calme qu'est
sa campagne, si animée est sa
principale ville, Groningue.

GRONINGEN

Die nördliche Provinz
Groningen, grenzend an
Deutschland und ans
Wattenmeer, hat von alters
her einen stark agrarischen
Charakter. Es gibt viele
ausgedehnte Ländereien, und
am Horizont sieht man die
Spitzen zahlloser kleiner oder
größerer Kirchen, meistens
aus rotem Backstein erbaut.
Groningen hat auch einige
Häfen, wie in Lauwersoog
und Termunterzijl.
Wie ruhig es auf dem Lande
ist, so dynamisch ist die
wichtigste Stadt Groningen.

GRONINGEN

The northern province of
Groningen, which borders
Germany and the water has
always had a strong agrarian
character. There are many
extensive farmlands with the
steeples of countless small
and large churches, mostly
built of red bricks. Groningen
also counts several ports such
as Lauwersoog and
Termunterzijl. The solitude of
the countryside contrasts
with the bustling principal
town Groningen.

GRONINGEN
Een zwerftocht door
Groningen begint uiteraard in
de stad zelf. Aan attracties
geen gebrek: onder meer de
Martinitoren, de markt, de
rozentuin en een keur aan
opvallende gevels in woonhuizen en panden. Buiten
Groningen is het aanbod van
bezienswaardigheden ook
groot, zoals het dorpje Spijk,
de Menkemaborg in
Uithuizen en de Hortus in
Haren.

GRONINGUE
Un itinéraire touristique à
travers la région commence
évidemment dans la ville
même. Les curiosités ne
manquent pas. Tels que le
Martinitoren, le marché, la
roseraie et un choix de
maisons et de bâtiments aux
façades remarquables à
Groningue même. Hors de la
ville, il y a le village de Spijk,
le château Menkemaborg à
Uithuizen et le Hortus (jardin
botanique) à Haren.

GRONINGEN
Ein Streifzug durch Groningen
fängt selbstverständlich in
der Stadt selber an. Da fehlt
es nicht an Attraktionen. Da
gibt es u.a. den Martiniturm,
den Markt, den Rosengarten
und eine große Vielfalt an
auffallenden Giebeln an
Häusern und Gebäuden.
Außerhalb von Groningen
gibt es auch ein reichhaltiges
Angebot an Sehenswürdig-
keiten wie dem Dorf Spijk,
der Menkemaborg in
Uithuizen und dem
botanischen Garten in Haren.

GRONINGEN
Of course, rambling through
Groningen starts with the
town itself. There are ample
attractions. Among other
things, the Martinitoren, the
market, the rose garden and a
variety of striking gables on
houses and premises. Outside
the town of Groningen, the
number of sights is also great,
such as the village of Spijk,
the Menkemaborg in
Uithuizen and the Hortus in
Haren.

Friesland
Frise

FRIESLAND
Talloze Hollandse dichters lieten zich in lyrische bewoordingen uit over het Friese landschap. De schoonheden van deze provincie, die elf steden en talloze pittoreske dorpen en gehuchten telt, zijn talrijk en een dankbaar object voor fotografen met oog voor detail.

FRISE
De nombreux poètes hollandais chantèrent le paysage frison. Les beautés de cette province, qui compte onze villes et de nombreux villages et hameaux pittoresques, sont innombrables et constituent un sujet fécond pour les photographes sensibles au détail.

FRIESLAND
Zahllose niederländische Dichter äußerten sich in lyrischen Worten über die friesische Landschaft. Die Schönheit dieser Provinz, die elf Städte und zahllose pittoreske Dörfer und Weiler hat, ist groß und stellt ein dankbares Objekt für Fotografen dar, die ein Auge fürs Detail haben.

FRIESLAND
Numerous Dutch poets expressed themselves lyrically on the Frisian landscape. The beauties of this province, that counts eleven towns and countless picturesque villages and hamlets, are plentiful and a thankful object for photographers with an eye for detail.

75

FRIESLAND

Wie Friesland zegt, zegt watersport. Nergens in Nederland tref je zo veel imponerende meren en plassen, waarop het voor watersporters goed toeven is. Bekend zijn de traditionele zeilwedstrijden met grote tjalken, de zgn. skûtsjes. Een lust voor het oog zijn ook de typische boerderijen en de statige vrijstaande huizen, parels in het Friese landschap.

FRISE

Qui dit Frise, dit sport nautique. Nulle part aux Pays-Bas, on ne trouve autant de lacs et d'étangs imposants, appréciés des amateurs de sports nautiques. Célèbres sont les régates traditionnelles avec de grandes galiotes, les «skûtsjes». Un régal pour les yeux sont aussi les fermes typiques et les majestueuses demeures, perles du paysage frison, qu'on trouve çà et là dans la campagne.

FRIESLAND

Wer Friesland sagt, sagt Wassersport. Nirgendwo in den Niederlanden gibt es so viele beeindruckende Seen und andere Gewässer, auf denen die Wassersportler sich gerne aufhalten. Bekannt sind die traditionellen Segelregatten mit großen Tjalken, den sogenannten Skûtsjes. Eine Augenweide sind auch die charakteristischen Bauernhöfe und die stattlichen freistehenden Häuser, Perlen in der friesischen Landschaft.

FRIESLAND

Friesland is another name for water sport. Nowhere in the Netherlands there are so many imposing lakes and ponds where the water sportsmen and women love to come. The traditional sailing matches with great tjalks (Dutch sailing vessels with characteristic spritsails), the so-called skûtsjes, are well-known. The typical farms and the stately homes, pearls of the Frisian landscape, are also a treat for the eye.

Zeeland
Zélande

ZEELAND

Als er één provincie is waar het water van invloed is geweest op de vorming van het land, dan is het Zeeland wel. In de loop der eeuwen is er veel land op het water veroverd, maar er is ook veel prijsgegeven. Zeeland is het land van polders, dammen, dijken en bruggen. De storm-vloedkering in de Ooster-schelde is een vernuftig bouwwerk in de nimmer afla-tende strijd tegen het water.

ZÉLANDE

S'il existe une province où l'eau a été aussi importante pour la formation des terres, c'est bien la Zélande. Au cours des siècles, beaucoup de terres furent gagnées sur la mer qui certes, a beaucoup repris. La Zélande est le pays des polders, des barrages, des digues et des ponts. Le barrage-tempête de l'Escaut oriental est une construction ingénieuse dans la lutte continuelle contre les eaux.

ZEELAND

Wenn es eine Provinz gibt, worin das Wasser auf die Entstehung von Land Einfluß ausgeübt hat, so ist es Zeeland. Im Laufe der Jahrhunderte wurde viel Land dem Wasser abgetrotzt, aber es ging auch viel Land verloren. Zeeland ist das Land der Polder, Dämme, Deiche und Brücken. Der Flutbrecher in der Oosterschelde ist ein ingeniöses Bauwerk im nie nachlassenden Kampf gegen das Wasser.

ZEELAND

If there is one province where the formation of the land was so much influenced by the water, it is Zeeland. During the course of centuries much land was reclaimed but much was also lost. Zeeland is a province of polders, dams, dikes and bridges. The storm surge barrier in the Oosterschelde is a clever construction in the never-ending battle with the water.

ZEELAND
Proeven van de rijke Zeeuwse historie kan uitstekend in plaatsen als Middelburg, Vlissingen en Veere. En natuurlijk in Goes, het kloppende hart van Zuid-Beveland.

ZÉLANDE
Middelburg, Vlissingen et Veere sont de parfaites localités pour goûter du riche passé zélandais. Sans évidemment oublier Goes, le centre principal du Zuid-Beverland.

ZEELAND
Man kann die reiche Historie von Zeeland augezeichnet kosten in Städten wie Middelburg, Vlissingen und Veere. Und natürlich in Goes, dem pulsierenden Herzen von Zuid-Beveland.

ZEELAND
Experiencing the rich Zeeland history can be done excellently in towns like Middelburg, Vlissingen and Vere. And of course in Goes, the throbbing heart of Zuid-Beveland.

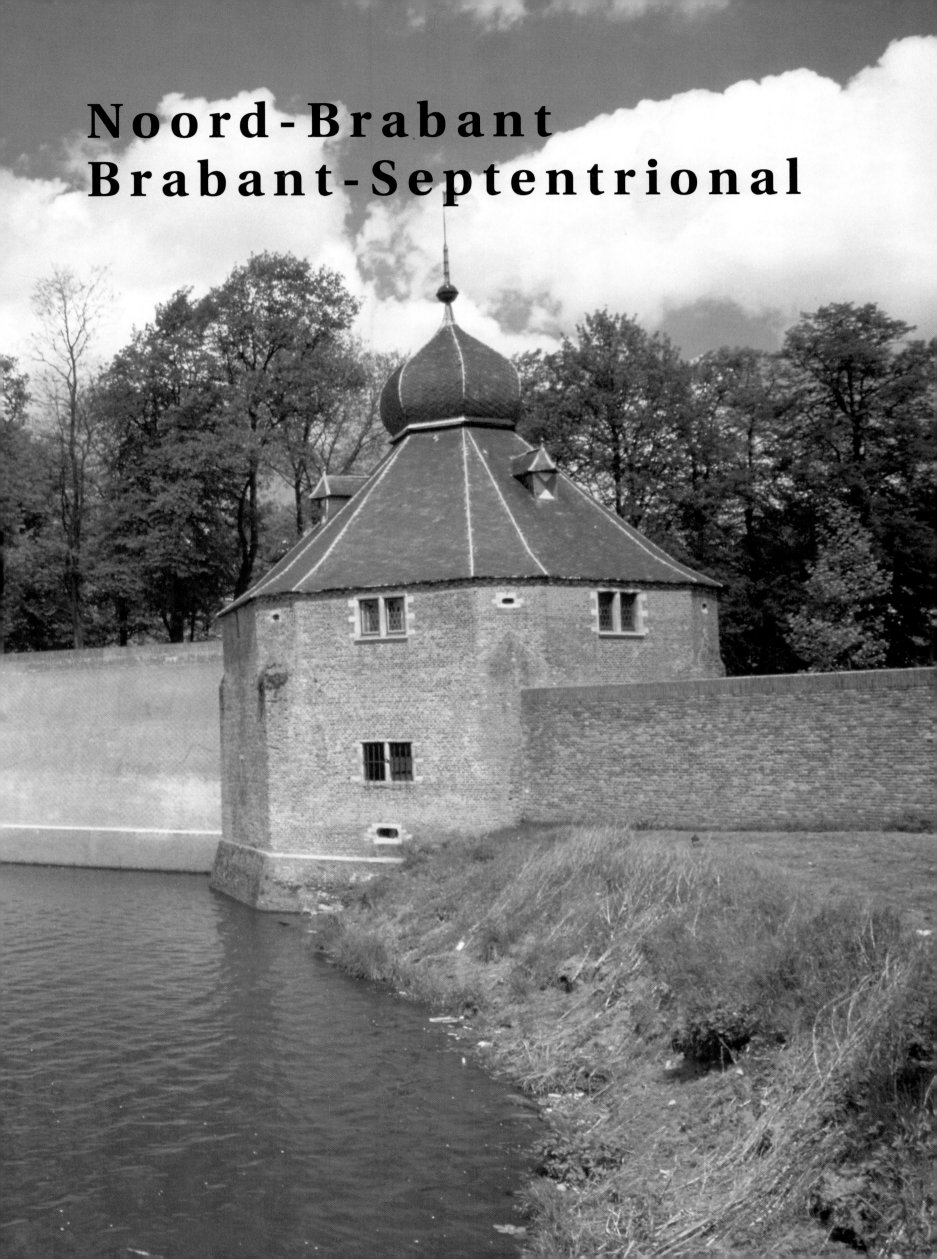

Noord-Brabant
Brabant-Septentrional

NOORD-BRABANT

Noord-Brabant is uiterst fotogeniek. In plaatsen als Etten-Leur, Tilburg, Deurne, Vught, Oisterwijk en Grave kan een fotograaf naar harte-lust zijn rolletjes volschieten. In deze provincie staan ook diverse kastelen, zoals in Boxtel en St.-Oedenrode.

BRABANT-SEPTENTRIONAL

Le Brabant du Nord est une région hautement photo-génique. Dans des localités telles que Etten-Leur, Tilburg, Deurne, Vught, Oisterwijk et Grave, le photographe peut remplir à coeur joie ses rouleaux de pellicule. Dans cette province se trouvent également différents châteaux comme à Boxtel et Sint-Oedenrode.

NOORD-BRABANT

Noord-Brabant ist äußerst fotogen. In Orten wie Etten-Leur, Tilburg, Deurne, Vught, Oisterwijk und Grave kann ein Fotograf nach Herzenslust fotografieren. In dieser Provinz gibt es auch mehrere Schlösser wie in Boxtel und St. Oedenrode.

NOORD-BRABANT

Noord-Brabant is very photogenic. In towns such as Etten-Leur, Tilburg, Deurne, Vught, Oisterwijk and Grave one can take photographs to one's heart's content. There are also several castles in this province, as in Boxtel and St. Oedenrode.

NOORD-BRABANT

Breda staat vooral bekend als een gezellige stad met bovendien opvallende monumenten, zoals het Spanjaardsgat en de Onze Lieve Vrouwekerk. Blikvanger in Den Bosch is de St.-Janskathedraal, een voorbeeld van schitterende gotische architectuur.

BRABANT-SEPTENTRIONAL

Breda est surtout connue comme une ville agréable qui, en outre, possède des monuments surprenants tels que le Spanjaardsgat (reste de fortifications nommée «trouée des Espagnols») et Onze Lieve Vrouwekerk (Eglise Notre Dame). Centre d'intérêt à Den Bosch (Bois-le-Duc) est la Sint-Janskathedraal (Cathédrale Saint-Jean), magnifique exemple du style gothique.

NOORD-BRABANT

Breda ist vor allem bekannt als eine gemütliche Stadt mit auffallenden Monumental-bauwerken wie dem Spanjaardsgat und der Onze-Lieve-Vrouwenkerk. Blickfang ist die St. Janskathedrale, ein herrliches Beispiel von gotischer Architektur.

NOORD-BRABANT

Breda is mostly known as a cheerful town with, in addition, striking monuments such as the Spanjaardsgat and the Onze Lieve Vrouwekerk. An eye-stopper in Den Bosch is the St. Janskathedraal, an example of splendid gothic architecture.

Utrecht

UTRECHT

Utrecht vormt het heerlijke hart van Holland en is tevens de kleinste provincie. Klein maar fijn, vooral voor liefhebbers van 'romantiek en natuur'. Deze provincie is namelijk zeer rijk aan buitenplaatsen met daarop fraaie kastelen, gelegen temidden van weelderig groen. Utrecht telt eveneens een aantal kleurrijke vissersplaatsen met een opvallende bebouwing en een zeer levendige folklore.

UTRECHT

Utrecht, la province la plus petite, se trouve au coeur de la Hollande. Petite certes, mais agréable, tout particulièrement pour les amateurs de «romantisme et de nature». Cette province foisonne en effet de propriétés dissimulant de magnifiques châteaux noyés dans la verdure. Utrecht compte également plusieurs ports pittoresques à l'architecture étonnante et au folklore encore très vivant.

UTRECHT

Utrecht ist das fantastische Herz von Holland und gleichzeitig die kleinste Provinz. Klein aber fein, vor allem für die 'Romantik- und Natur'-Freunde. Diese Provinz ist nämlich reich an Landgütern mit schönen Schlössern, gelegen inmitten von üppigem Grün. Utrecht hat auch einige farbige Fischerdörfer mit einer auffallenden Bebauung und einer sehr lebhaften Folklore.

UTRECHT

Utrecht is the lovely heart of Holland and is also the smallest province. Good things come in small packages, especially for lovers of 'romance and nature'. As it happens, this province has a great number of country estates with fine castles, situated in the midst of luxuriant gardens. Utrecht also counts several colourful fishing villages with notable buildings and a lively folklore.

UTRECHT

Utrecht biedt een breed scala van vertier, voor elk wat wils. Voor wie de sfeer wil proeven van een historisch stadje is kuieren door pitoresk Bunschoten een verademing. En meer dan een bezoek waard is ook de beroemde oudhollandse markt van Spakenburg. In de hoofdstad Utrecht, met zijn talloze gezellige kroegjes en eethuisjes, is de majestueuze Dom een nadrukkelijk aanwezig monument.

UTRECHT

Utrecht offre toutes sortes de distractions, et pour tous les goûts. Qui veut goûter de l'atmosphère d'un bourg historique pourra respirer en flânant dans les rues pittoresques de Bunschoten. Et le célèbre marché traditionnel de Spakenburg vaut certainement une visite. Dans la capitale de province Utrecht, aux innombrables cafés et restaurants, se dresse l'ancien et majestueux Domtoren (campanile), un monument difficilement négligeable.

UTRECHT

Utrecht bietet eine breite Skala an Erholungsmöglich-keiten. Ein gemütlicher Spaziergang durch das malerische Bunschoten empfiehlt sich für denjeni-gen, der die Atmosphäre einer historischen Kleinstadt kosten will. Und auch ein Besuch des berühmten altholländischen Marktes von Spakenburg lohnt sich sehr. In der Provinzhauptstadt Utrecht mit ihren zahllosen gemütlichen Kneipen und Gaststätten ist der majestätische Dom ein eindrucksvolles Denkmal.

UTRECHT

Utrecht offers a whole range of amusement. For those who wish to sample the atmosphere of a historical town Bunschoten is perfect. And the famous old Dutch market of Spakenburg is also worth more than a visit. In the principal town of Utrecht, with its many entertaining pubs and eating-houses, there is the majestic Dom, a monument that is emphatically present.

Overijssel

OVERIJSSEL

Overijssel maakt onderdeel uit van het groene hart van Nederland en in het westelijke deel van deze provincie overheersen de plassen en moerassen. Bij toeristen erg in trek is Giethoorn, ook wel het Venetië van Holland genoemd. De IJssel stroomt er door een indrukwekkend polderlandschap. Aan deze rivier ligt Kampen.

OVERIJSSEL

Overijssel fait partie de la zone verte des Pays-Bas. Dans l'Ouest de cette province dominent les plans d'eau et les marécages. Giethoorn, appelée aussi la Venise de Hollande, est très prisée des touristes. L'IJssel arrose un paysage impressionnant de polders. C'est sur cette rivière que se situe Kampen.

OVERIJSSEL

Overijssel ist Teil des grünen Herzens der Niederlande. Im westlichen Teil dieser Provinz gibt es überwiegend Seen und Moore. Giethoorn ist bei Touristen sehr beliebt, es wird auch wohl das Venedig von Holland genannt. Die IJssel fließt durch eine eindrucksvolle Polderlandschaft. An diesem Fluß liegt Kampen.

OVERIJSSEL

Overijssel is part of the green heart of the Netherlands and lakes and bogs dominate the western part of the province. Giethoorn, also called the Venice of Holland, is much beloved by tourists. There, the IJssel flows through an impressive polder landscape. Kampen lies on this river.

OVERIJSSEL

Overijssel is een echt kaste-
lenland. De meeste zijn zeer
goed onderhouden en op
omliggende landgoederen is
publiek doorgaans welkom.
In Staphorst en omgeving lijkt
de tijd stil te hebben gestaan.
Het dragen van klederdracht
is er nog in zwang en bij het
schilderen van hun huizen en
hoeven gebruiken de bewo-
ners veelal dezelfde kleuren.

OVERIJSSEL

Overijssel est un vrai pays de
châteaux. La plupart sont
bien entretenus et en général
le public est le bienvenu dans
les parcs qui les entourent.
A Staphorst et dans ses
environs, le temps semble
s'être arrêté. Le costume
traditionnel est encore de
mise. La plupart du temps, les
habitants utilisent les mêmes
couleurs pour peindre leurs
maisons et leurs fermes.

OVERIJSSEL

Overijssel ist die Provinz der
Schlösser. Die meisten sind
sehr gut erhalten und auf den
Landgütern sind Besucher
meistens herzlichst
eingeladen. In Staphorst und
Umgebung sieht es so aus, als
hätte die Zeit stillgestanden.
Das Tragen der Tracht ist
noch üblich und beim
Anstreichen ihrer Häuser und
Höfe benutzen die Bewohner
oft die gleichen Farben.

OVERIJSSEL

Overijssel is real castle
country. Most of the castles
are very well maintained and
the public is mostly welcome
to visit the surrounding
grounds. In Staphorst and its
environment time seems to
have stood still. Wearing
traditional costume is still
popular there and in painting
their houses and farms the
residents often use the same
colours.

Gelderland
Gueldre

GELDERLAND

Vele honderden hectaren bossen en heidevelden maken van Gelderland een ideale vakantieprovincie voor fietsers en wandelaars. Grote toeristische trekpleisters zijn het Nationale Park De Hoge Veluwe en paleis Het Loo in Apeldoorn. Maar er is ook veel 'klein vermaak', zoals de schaapskudde op de Veluwse heide, de Waag in Buren en huis Sonsbeek in Arnhem.

GUELDRE

Plusieurs centaines d'hectares de forêts et de landes de bruyères font de la Gueldre une province idéale pour les vacances. Cyclistes et promeneurs y trouveront une nature vierge. De grands centres d'intérêt touristique sont le parc national de la Haute Veluwe (Hoge Veluwe), le palais Het Loo à Apeldoorn. Mais on y trouve également des «petits divertissements» tels que le troupeau de moutons sur la lande de bruyère de la Veluwe, le Poids public (Waag) à Buren et le château de Sonsbeek à Arnhem.

GELDERLAND

Viele Hunderte von Hektar an Wäldern und Heidelandschaft machen aus Gelderland eine ideale Urlaubsumgebung. Radfahrer und Wanderer erleben Natur pur. Beliebte Ausflugsziele sind der nationale Naturschutzpark De Hoge Veluwe und der Palast Het Loo in Apeldoorn. Aber es gibt auch viele kleinere 'Ausflugsziele' wie die Schafsherde auf der Veluwer Heide, die Stadtwaage in Buren und das Haus Sonsbeek in Arnheim.

GELDERLAND

Owing to its hundreds of hectares of woods and heaths, Gelderland is an ideal province for spending the holidays. Cyclists and ramblers are offered unspoilt nature. Great tourist attractions are Nationaal Park De Hoge Veluwe and the Loo palace in Apeldoorn. But there are also 'small attractions', such as the flock of sheep on the Veluwe heath, the Waag in Buren and the Sonsbeek house in Arnhem.

GELDERLAND

Gelderland houdt veel tradities en gebruiken in ere. Dus ziet men oude rijtuigen door het Veluwse landschap rijden en varen pontveren van oever naar oever, dag in dag uit. Gelderland ademt als geen andere provincie een weldadige rust, uitgezonderd natuurlijk bij een evenement als het jaarlijkse fruitcorso. Dan zijn er honderdduizenden op de been om dit kleurrijke spektakel te bewonderen.

GUELDRE

La Gueldre perpétue de nombreuses traditions et coutumes. Aussi voit-on d'anciennes voitures traverser le pays de la Veluwe et des bacs faire la navette d'une rive à l'autre, jour après jour. La Gueldre est comme aucune autre une province où règne un calme bienfaisant. Sauf lors d'un événement comme le corso aux fruits annuel qui attire des centaines de milliers de personnes venues pour admirer ce spectacle haut en couleur.

GELDERLAND

Gelderland hält viele Traditionen und Bräuche in Ehren. Also sieht man alte Fuhrwerke durch die Veluwer Landschaft fahren und fahren die Fähren hin und her, tagaus, tagein. In Gelderland herrscht wie in keiner anderen Provinz eine angenehme Ruhe. Eine Ausnahme ist natürlich eine Veranstaltung wie der jährliche Obstkorso. Dann sind Hunderttausende auf den Beinen um dieses farbenfrohe Schauspiel zu bewundern.

GELDERLAND

Gelderland honours many traditions and customs. Consequently, one can see old carriages being driven through the countryside and ferries navigating from bank to bank, day in day out. No other province breathes the atmosphere of salutary peace and quiet that Gelderland does. Excepting of course an event like the yearly fruit parade. Then hundreds of thousands are out and about to admire this colourful spectacle.

Limburg
Limbourg

LIMBURG

De provincie Limburg wijkt in vele opzichten af van de rest van Holland en doet daarom gevoelsmatig een beetje 'buitenlands' aan. Het bestaat gedeeltelijk uit een heuvellandschap, snelstromende beekjes en fraaie vakwerkhuizen. Limburg is een 'gelovige' provincie met opvallend veel kerken en langs velden en wegen honderden kapelletjes.

LIMBOURG

La province du Limbourg diffère du reste de la Hollande sur divers plans ce qui fait que l'on s'y sent un peu comme à l'étranger. Une région vallonnée en partie, des petits ruisseaux et d'admirables maisons à colombage. Le Limbourg est une province «croyante» qui compte un nombre remarquable d'églises et de petites chapelles en bordure des champs et le long des routes.

LIMBURG

Die Provinz Limburg unterscheidet sich in vielen Hinsichten von den anderen niederländischen Provinzen und macht darum gefühlsmäßig einen ausländischen Eindruck. Teilweise ist Limburg eine Hügellandschaft, mit reißenden Bächen und schönen Fachwerkhäusern. Limburg ist eine 'religiöse' Provinz mit auffallend vielen Kirchen und Hunderten von kleinen Kapellen am Rande von Feldern und Landstraßen.

LIMBURG

The province of Limburg deviates from the rest of Holland in many respects and feels a bit 'foreign' as a consequence. This is partly caused by the hilly countryside, fast-flowing streams and fine half-timbered houses. Limburg is a 'religious' province with noticeably many churches and hundreds of chapels along the fields and roads.

LIMBURG

De hoofdstad Maastricht geniet internationale bekendheid, onder meer als conferentieoord. Het is goed toeven in het gezellige en sfeervolle centrum, met als heerlijk middelpunt het Vrijthof met zijn vele terrasjes. De stad aan de Maas heeft een traditie opgebouwd met de jaarlijkse processies, die vele tienduizenden gelovigen op de been brengen.

LIMBOURG

Maastricht, capitale de la province, jouit d'une renommée internationale, entre autres comme centre de conférences. Il fait bon séjourner dans son centre-ville, plein d'ambiance et d'animation, avec, en son milieu, l'agréable Vrijthof aux nombreuses terrasses. La ville sur la Meuse a créé une tradition avec les processions annuelles qui attirent des centaines de milliers de croyants.

LIMBURG

Die Provinzhauptstadt Maastricht erfreut sich internationaler Bekanntheit, es ist u.a. ein wichtiger Tagungsort. Die Stadtmitte ist gemütlich und attraktiv, der Vrijthof mit seinen vielen Straßencafés ist der herrliche Mittelpunkt. In der Stadt an der Maas sind die jährlichen Prozessionen zur Tradition geworden, denen viele Zehntausende von Gläubigen beiwohnen.

LIMBURG

The principal town of Maastricht enjoys international repute as a conference place, among other things. It is nice to stay in the cheerful and characteristic centre, with in the middle the Vrijthof with its many pavement cafés. The town along the Maas has built up a tradition with the yearly processions that bring out many tens of thousands of believers.

Zuid-Holland
Hollande-Méridionale

ZUID-HOLLAND
Zuid-Holland is de dichtstbevolkte provincie en trekt
ook de meeste toeristen. Die
bezoeken bijvoorbeeld
lilliputterstad Madurodam,
het regeringscentrum in Den
Haag, het schilderachtige
Delft, de molendriegang in
Leidschendam of het strand
en de duinen.

HOLLANDE-
MÉRIDIONALE
La Hollande-Méridionale est
la province la plus peuplée et
attire le plus grand nombre
de touristes. L'objet de leurs
visites est par exemple la
ville-miniature de
Madurodam à La Haye, la
pittoresque ville de Delft,
l'enfilade de trois moulins à
Leidschendam ou la plage et
les dunes.

ZUID-HOLLAND
Zuid-Holland ist die am
dichtesten bevölkerten
Provinz, die auch die meisten
Touristen anzieht. Sie
besuchen zum Beispiel die
Zwergstadt Madurodam, oder
das Regierungszentrum in
Den Haag, das malerische
Delft, den Molendriegang in
Leidschendam oder den
Strand und die Dünen.

ZUID-HOLLAND
Zuid-Holland the most
densely populated province
and also attracts the most
tourists. They visit the
lilliputian town of
Madurodam for instance, or
the centre of government in
The Hague, picturesque Delft,
the molendriegang in
Leidschendam or the beach
and the dunes.

ZUID-HOLLAND

De badplaats Scheveningen heeft minstens twee tot de verbeelding sprekende blikvangers: de beroemde pier, die tot ver in zee steekt, en het prachtig gerestaureerde Kurhaus met casino. De prominente stad in Zuid-Holland is het zeer bedrijvige Rotterdam met zijn wereldhaven, de in het oog springende Euromast en het sfeervolle woon- en uitgaanscentrum Delfshaven.

HOLLANDE-MÉRIDIONALE

Scheveningen, station balnéaire, compte au moins deux centres d'intérêts qui frappent l'imagination: le célèbre Pier, longue jetée-promenade qui s'avance loin dans la mer, et le Kurhaus, magnifiquement restauré, qui abrite un casino. Une ville de marque, très animée, en Hollande-Méridionale, est évidemment Rotterdam avec son port mondial, son Euromast, construction hardie, et Delfshaven, quartier résidentiel et des restaurants, cinémas, théâtres, etc.

ZUID-HOLLAND

Der Badeort Scheveningen hat mindestens zwei die Fantasie anregende Blickfänge: den berühmten Pier, der sich bis weit in die Nordsee erstreckt, und das herrlich restaurierte Kurhaus mit Kasino. Eine bedeutende Stadt in Zuid-Holland ist natürlich das sehr dynamische Rotterdam mit seinem Welthafen, dem auffallenden Euromast und dem attraktiven Wohn- und Ausgehviertel Delfshaven.

ZUID-HOLLAND

Seaside resort Scheveningen has at least two eye-catchers that appeal to one's imagination: the famous pier that juts out far into the sea, and the beautifully restored Kurhaus with its casino. A prominent town in Zuid-Holland is of course bustling Rotterdam with its world harbour, the Euromast that strikes the eye and the attractive housing and entertainment centre Delfshaven.

Noord-Holland
Hollande-Septentrionale

NOORD-HOLLAND

Een provincie met een typisch Hollandse uitstraling. Het vlakke land is 'aangekleed' met ruim bemeten weilanden en polders en met talloze molens. Bovendien is het landelijke gebied bezaaid met dorpjes waarin goed onderhouden houten huizen de sfeervolle bebouwing vormen. Er staan robuuste kastelen, zoals het middeleeuwse Muiderslot.

HOLLANDE - SEPTENTRIONALE

Province au rayonnement typiquement hollandais. Le plat pays est « revêtu » d'immenses prés et polders, et d'innombrables moulins. En outre la campagne est parsemée de villages pleins d'ambiance aux maisons en bois bien entretenues. On y trouve aussi de robustes forteresses tel que le château de Muiden (Muiderslot).

NOORD-HOLLAND

Eine Provinz mit einer typisch holländischen Ausstrahlung. Die flache Landschaft ist mit großflächigen Weiden und Poldern und zahllosen Mühlen 'angekleidet'. Außerdem ist das ländliche Gebiet mit kleinen Dörfern übersät, in denen gut erhaltene Häuser aus Holz die attraktive Bebauung bilden. Es gibt auch robuste Schlösser wie das mittelalterliche "Muiderslot".

NOORD-HOLLAND

A province with a typical Dutch aura. The flat land is 'furnished' with large-sized meadows and polders and with myriad windmills. The countryside is also studded with villages where well-maintained wooden houses are characteristic. There are sturdy castles such as the medieval Muiderslot.

NOORD-HOLLAND

Water en dijken, bejaarde boerderijen en kerken, vissersdorpen en klederdracht, duinen en bollenvelden. Noord-Holland, met de hoofdstad Amsterdam, laat zich van vele kanten bewonderen. Bij fietsers is deze provincie erg in trek. Vooral het schitterende platteland nodigt uit tot verkenning. Een in vele opzichten indrukwekkend stuk Holland, waar je niet snel op uitgekeken raakt.

HOLLANDE - SEPTENTRIONALE

Eau et digues, vieilles fermes et églises, villages de pêcheurs et costumes, digues et champs de fleurs. La Hollande-Septentrionale, dont la capitale est Amsterdam, s'admire de différentes façons. Cette province est très fréquentée par les cyclistes. Surtout sa magnifique campagne invite à l'exploration. Une partie de la Hollande, impressionnante à bien des points de vue, qui n'est pas prête à vous lasser.

NOORD-HOLLAND

Wasser und Deiche, alte Bauernhöfe und Kirchen, Fischerdörfer und Trachten, Dünen und Felder mit Blumenzwiebeln. Noord-Holland, die Provinzhauptstadt ist Amsterdam, läßt sich von vielen Seiten bewundern. Bei Radfahrern ist diese Provinz sehr beliebt. Besonders die herrliche flache Landschaft lädt zu einem Streifzug ein. Ein in vielen Hinsichten eindrucksvoller Teil von Holland, woran man sich nicht bald satt sehen kann.

NOORD-HOLLAND

Water and dikes, old farmhouses and churches, fishing villages and traditional costumes, dunes and bulb fields. North-Holland, with Amsterdam as its principal town, can be admired in many ways. This province is very popular with cyclists. Especially the magnificent countryside invites exploration. A piece of Holland that is impressive in many ways, which will not tire you quickly.